낭송

격몽요결

낭송Q시리즈 샛별편 낭송 격몽요결

발행일 초판1쇄 2016년 4월 30일(丙申年 壬辰月 壬午日)
지은이 이이 | **풀어 읽은이** 김해숙 | **펴낸곳** 북드라망 | **펴낸이** 김현경 |
주소 서울시 중구 청파로 464, 101-2206(중림동, 브라운스톤서울)|
전화 02-739-9918 | **이메일** bookdramang@gmail.com

ISBN 979-11-86851-29-6 04150 979-11-86851-17-3(세트) | 이 도서의 국립중앙도서관 출판시도서목록(CIP)은 서지정보유통지원시스템 홈페이지(http://seoji.nl.go.kr)와 국가자료공동목록시스템(http://www.nl.go.kr/kolisnet)에서 이용하실 수 있습니다.(CIP제어번호: CIP2016009479) |

책으로 여는 지혜의 인드라망, 북드라망 www.bookdramang.com

낭송
Q
시리즈

샛별편
03

擊蒙要訣

낭송
격몽요결

이이
지음

김해숙
풀어
읽음

우응순
감수

티

▶낭송Q시리즈 샛별편 『낭송 격몽요결』 사용설명서◀

1. '낭송Q'시리즈의 '낭송Q'는 '낭송의 달인 호모 큐라스'의 약자입니다. '큐라스'(curas)는 '케어'(care)의 어원인 라틴어로 배려, 보살핌, 관리, 집필, 치유 등의 뜻이 있습니다. '호모 큐라스'는 고전평론가 고미숙이 만든 조어로, 자기배려를 하는 사람, 즉 자신의 욕망과 호흡의 불균형을 조절하는 능력을 지닌 사람을 뜻하며, 낭송의 달인이 호모 큐라스인 까닭은 고전을 낭송함으로써 내 몸과 우주가 감응하게 하는 것이야말로 최고의 양생법이자, 자기배려이기 때문입니다(낭송의 인문학적 배경에 대해 더 궁금하신 분들은 고미숙의 『낭송의 달인 호모 큐라스』를 참고해 주십시오).

2. 낭송Q시리즈는 '낭송'을 위한 책입니다. 따라서 이 책은 꼭 소리 내어 읽어 주시고, 나아가 짧은 구절이라도 암송해 보실 때 더욱 빛을 발합니다. 머리와 입이 하나가 되어 책이 없어도 내 몸 안에서 소리가 흘러나오는 것, 그것이 바로 낭송입니다. 이를 위해 낭송Q시리즈의 책들은 모두 수십 개의 짧은 장들로 이루어져 있습니다. 암송에 도전해 볼 수 있는 분량들로 나누어 각 고전의 맛을 머리로, 몸으로 느낄 수 있도록 각 책의 '풀어 읽은이'들이 고심했습니다.

3. 최고의 양생법이자 새로운 독서법으로서의 '낭송'을 처음으로 세상에 알린 낭송Q시리즈의 시즌 1은 동청룡·남주작·서백호·북현무편으로 이루어져 있으며, 사계절의 기운을 담고 있는 것을 특징으로 합니다. 동청룡편에는 봄의 창조적인 기운, 남주작편에는 여름의 발산력과 화려함, 서백호편에는 가을의 결단력, 북현무편에는 지혜와 상상력을 키울 수 있는 고요함을 품고 있는 고전들이 속해 있습니다. 각 편의 서두에는 판소리계 소설을, 마무리에는 『동의보감』을 네 편으로 나누어 하나씩 넣었고, 그 사이에는 유교와 불교의 경전, 그리고 동아시아 최고의 명문장들을 배열했습니다.

▷ 동청룡: 『낭송 춘향전』, 『낭송 논어/맹자』, 『낭송 아함경』, 『낭송 열자』, 『낭송 열하일기』, 『낭송 전습록』, 『낭송 동의보감 내경편』

▷ 남주작 : 『낭송 변강쇠가/적벽가』, 『낭송 금강경 외』, 『낭송 삼국지』, 『낭송 장자』, 『낭송 주자어류』, 『낭송 홍루몽』, 『낭송 동의보감 외형편』

▷ 서백호 : 『낭송 흥보전』, 『낭송 서유기』, 『낭송 선어록』, 『낭송 손자병법/오자병법』, 『낭송 이옥』, 『낭송 한비자』, 『낭송 동의보감 잡병편 (1)』

▷ 북현무 : 『낭송 토끼전/심청전』, 『낭송 도덕경/계사전』, 『낭송 대승기신론』, 『낭송 동의수세보원』, 『낭송 사기열전』, 『낭송 18세기 소품문』, 『낭송 동의보감 잡병편 (2)』

4. **새롭게 선보이는 낭송Q시리즈 시즌 2는** 고전과 몸 그리고 일상이 조화를 이루는 훈련으로서의 낭송에 초점을 맞춰, **샛별편과 원문으로 읽는 디딤돌편으로 구성했습니다.**

▷ 샛별편: 저녁 무렵 가장 먼저 하늘에 나타나며 다음날 새벽까지 가장 오래 하늘에 머물러 있는 샛별처럼, 전통시대의 초학자들이 제일 먼저 배우며 가장 오래도록 몸과 마음에 새겨놓았던 『천자문』, 『추구』, 『격몽요결』, 『명심보감』 등을 낭송합니다. 『낭송 천자문/추구』를 통해 동양고전의 가장 기본이 되는 한자와 문형을 입으로 익히며, 『낭송 명심보감』, 『낭송 격몽요결』을 통해 공부와 관계의 바탕을 낭송으로 체득합니다.

▷ 원문으로 읽는 디딤돌편: 동양 사상의 기본 중의 기본, 고전 중의 고전을 한문 원문과 함께 낭송합니다. 『낭송 대학/중용』을 필두로 『낭송 주역』, 『낭송 논어』, 『낭송 맹자』 등이 나올 예정입니다. 몸으로 익힌 원문의 리듬이 디딤돌이 되어 동양 고전과 자유자재로 접속할 수 있는 힘을 키워 줍니다. 원문으로 읽는 디딤돌편은 다양한 방법으로 활용할 수 있습니다. 풀어진 글, 원문을 따로 혹은 같이 낭송하실 수도 있고, 가족이나 친구 혹은 연인끼리 서로 파트를 나누어 풀어진 글과 원문을 낭송하실 수도 있습니다. 단언컨대, 낭송의 방법은 무궁무진합니다!

5. 낭송Q시리즈 샛별편인 이 책 『낭송 격몽요결』은 『동몽선습·격몽요결』(전통문화연구회, 2014)의 원문을 대본으로 하여 풀어 읽은이가 그 편제를 새롭게 해서 옮기고 역은 것입니다.

차례

격몽요결

擊蒙要訣

4부

몸가짐을 반듯하게 갖는다 39

5부

책을 읽는 방법 63

격 몽 요 결

擊蒙要訣

8부

9부

10부

擊蒙要訣

11부

낭송
격몽요결

머리말

몸과
마음에
새기는
공부

1. 『격몽요결』은 어떤 책인가

조선 시대 어린이 교육용 책 제목에는 대부분 '몽'蒙 자가 들어간다. 『동몽선습』童蒙先習, 『계몽편』啓蒙篇, 『동몽수지』童蒙須知, 『격몽요결』擊蒙要訣 등등……. 주역 64괘卦 중 산수몽山水蒙 괘가 학문과 교육에 관련된 괘라서 붙여진 이름이다. 여기서 몽蒙은 '어린 풀' 혹은 '어리석음'이란 뜻이다. 교육은 '어린 풀'처럼 '작고, 여리고, 어리석은' 아이들을 깨우쳐서 성장하게 하는 작업이란 의미다.

그중 『격몽요결』擊蒙要訣은 율곡栗谷 이이李珥가 지은 책이다. '격몽'擊蒙이란 몽매한 사람을 '쳐서 깨우침', '요결'要訣은 '중요한 비결'이란 뜻이다. 다 알다시피 율곡 이이는 조선 시대의 대학자이다. 청년 시절부터 남달라 과거 시험에 아홉 번이나 장원을 해서 '구도장원공'九度壯元公이란 별명도 얻었다. 한마디로 공부의 신이라는 말씀. 그런 그가 알려주는 '요결'이란 다른 것이 아니다. 단언컨대, 배움!

> 사람이 이 세상에 태어나서 배우지 않으면 사람다운 사람이 될 수 없다. 배운다는 것은 이상하거나 별다른 것이 아니다. …… 그러나 요즘 사람들은 **배움이 일상생활에 있음**

을 알지 못하고 높고 멀어서 행하기 어렵다고 생각한다. 그리하여 배움을 다른 사람에게 미루고 자포자기하니 어찌 가엾지 않겠는가.(「『격몽요결』 서序」; 『낭송 격몽요결』, 26~27쪽. 강조는 풀어 읽은이)

율곡 이이는 초학자가 배워야 할 것은 바로 공부의 태도이지, 많이 배우거나 특별한 것을 배우는 것이 아니라고 서문에서부터 단호하게 말하고 있다. '사람답게 살려면 공부를 하라! 그 공부란 바로 일상생활에 있다!' 맙소사! 이 정도면 거의 반 협박조다. '밥을 먹고 잠을 자는 일상생활처럼 공부도 당연히 해야만 하는 것임!' 하고 빼도 박도 못하게 못을 콱 박아 놓았다. 『격몽요결』의 서문은 알 만한 사람은 다 아는 명문장으로 대접받는다. 단호하고 간결한 문장에다 대학자이자 경세가이자 교육자로서 율곡의 철학이 그대로 담겨 있어서다.

1577년(선조 10년), 율곡 이이는 선조 임금에게 국가경영 개선책을 담은 상소를 올리고 황해도 해주로 낙향한다. 그는 이즈음 '토붕와해'土崩瓦解란 말을 자주 썼다. '집을 지은 지 오래되면 벽이 무너지고 기와가 부서지고 썩어 버려 언제 무너질지 모른다. 조선이 건국한 지 200년 가까이 되었으니 오래된 집을 수리하듯 나라도 다시 고치고 다듬어야 한다'며 줄기

차게 경장更張과 개혁을 건의했다. 하지만 이런 율곡의 의견을 선조 임금은 계속 묵살하고 있었다.

현실이 자신의 뜻을 받아들이지 않을 때, 선비의 갈 길은 대개 낙향, 은둔, 그리고 후학 양성이다. 낙향한 이후 율곡은 '은병정사'隱屛精舍라는 학교를 세우고 후학 양성에 주력했다. '학문 따로, 정치 따로'인 현실을 타개하는 방법은 학문의 실천밖에 없다는 생각 때문이었을까? 율곡은 자신이 배운 그대로 수기치인修己治人의 중요성을 절감하고, 그에 걸맞은 초학자용 텍스트를 직접 집필하기로 작정한다. 그는 중앙 정계에서 개혁과 경장을 강하게 밀어붙였던 열정으로 직접 책을 만들었다(강릉 오죽헌박물관에 이이의 친필본 『격몽요결』이 소장되어 있다. 관람 기회가 생기면 눈여겨보시길!).

당시 조선에서는 『소학』小學이 아동용 교과서로 많이 쓰였지만 초학자들이 읽기엔 다소 어렵다는 단점이 있었다. 또한 1541년(중종 36년)에 박세무朴世茂란 학자가 문장 읽기와 역사 교육을 목적으로 『동몽선습』을 지었지만 율곡의 교육 철학과는 다소 차이가 있었다. '일상에서의 교육'이 먼저라고 생각했던 율곡에게는 유학의 핵심인 수기치인의 실천을 위한 새로운 텍스트가 필요했다.

이후 『격몽요결』은 국정 교과서급으로 자리매김된다. 당

대에도 많이 읽혔지만 인조 때는 전국의 향교에 교과서로 반포될 정도로 널리 쓰였다. 또 200년에 가까운 세월을 뛰어넘어 정조 임금에게 극찬을 받기도 했다. 『격몽요결』은 단지 과거 시험용 텍스트만은 아니었다. 초학자용 공부지침서일 뿐만 아니라 유교철학의 입문서로도 많이 활용되었다. 조선 시대의 주류 사상인 성리학으로 들어가는 길목에 『격몽요결』이 있었다는 얘기다.

2. 구체적인, 너무나 구체적인 『격몽요결』

율곡 이이는 『격몽요결』 전반에 걸쳐 '누구나 일상에서 할 수 있고, 또 마땅히 해야 하는 것이 공부'라고 누누이 말하고 있다. 그것이 수기치인修己治人의 공부다. 습관처럼 몸에 딱 붙여서 언제 어느 때든 배운 대로 즉각 행하는 공부! 그런 공부라야 일상의 모든 행동이 인의예지신仁義禮智信과 딱 맞아떨어진다. 그러려면 대체 얼마나 구체적이어야 할까. 우선 『격몽요결』의 차례부터 살펴보자. 『격몽요결』은 서문을 비롯해 총 10장으로 되어 있다.

1. 공부에는 뜻을 세우는 것이 가장 중요하다고 강조한 「입지장」立志章

2. 오래된 나쁜 습관을 확 뜯어고쳐야 비로소 공부의 바탕이 마련된다는 「혁구습장」革舊習章

3. 성실과 신의가 몸에 장착되어야만 제대로 된 공부를 할 수 있다는 「지신장」持身章

4. 한 권의 책이라도 제대로 읽으라는 독서 방법과 필독서 목록을 제시한 「독서장」讀書章

5. 사람됨의 기본이자 부모를 모시는 예로서의 효를 가르쳐 주는 「사친장」事親章

6. 『주자가례』를 기본으로 삼고 관계에 따른 장례 예법을 제시한 「상제장」喪制章

7. 『주자가례』에 따른 제사 규범과 실생활에서의 융통성을 함께 제시한 「제례장」祭禮章

8. 부부 생활과 경제 활동 등 살림 전반을 다루는 「거가장」居家章

9. 인仁을 베푸는 군자가 되기 위해 사람과의 관계를 배우는 「접인장」接人章

10. 출세를 위한 공부보다 '어떻게 살 것인가'를 생각하며 공부하라는 「처세장」處世章

마치 '사람노릇을 위한 공부 비결 10단계'처럼 단계별, 사안별로 잘 정리돼 있다. 제일 먼저 공부에 대한 동기 부여를 위해 뜻을 세운다. 뜻이 확고한 만큼 나쁜 습관도 뿌리째 뽑아 버린다. 몸과 마음가짐을 바로 한 후에, 비로소 독서를 하며, 책에서 배운 이치를 가족과 사회적 관계에서 확충하여 평생 배운 대로 실천한다. 이것이 율곡 이이의 '공부 매뉴얼'이다.

『낭송 격몽요결』에서도 이 흐름을 유지했다. '요결'이란 제목처럼 율곡 선생의 글은 더하고 뺄 것도 없었다. 내게 『격몽요결』을 가르쳐 주시던 선생님께서도 늘 '아, 문장 좋아! 율곡 선생 글 참 좋아!'라며 감탄하셨다. 그만큼 율곡의 문장은 명료했다. 그 명료하고 단호한 가르침을 그대로 풀어 읽어 전달하고 싶었다.

다만 이 책에서는 서문도 1개의 부로 만들어 총 11부로 구성했다. 서문만으로도 명문장으로 대접받는 「『격몽요결』 서」의 맛을 독자들 역시 제대로 느껴 보길 바라는 마음에서였다. 하여 『낭송 격몽요결』의 1부는 「입지장」이 아니라 「『격몽요결』 서」이다. 당연히 「입지장」은 2부가 되고, 각 장이 순차적으로 밀려 마지막 「처세장」이 11부가 된다.

3. 몸이 달라지는 공부의 비결,『낭송 격몽요결』

공부에도 인연이 있다던가. 지금으로부터 20여년 전인 1994년쯤이다. 이동도서관 버스에서 주부독서모임 모집 광고를 보았다. 회원 특전으로 책을 몇 권 더 빌려 준다는 말에 혹해서 난생처음으로 독서모임에 가입했다.

그러고는 얼마 후 이 주부독서모임에서 강릉 오죽헌으로 문학기행을 다녀왔다. 공짜로 책 빌려 주고, 문학기행까지 하게 해준 관변단체(?)가 어찌나 고맙던지(^^) 기행문을 써서 냈다. 아마 오죽헌 곳곳에 붙어 있던『격몽요결』몇 구절에 신사임당처럼 훌륭한 어머니가 되고 싶다는 내용이었지 싶다. 한데 이 어설픈 오죽헌 기행(문)이 인생의 한 터닝 포인트가 될 줄이야! 이날 이후 나는 '공부=학교, 졸업=공부 끝'이라는 고정관념을 깨고 평생교육의 장으로 진입했다.

오죽헌 기행 5년쯤 지난 후였다. 지역 문화재를 탐방하며 지명의 유래를 공부하던 중이었다. 율곡 이이가 청주 목사로 근무하던 당시 서원향약西原鄉約을 만들었고, 그 인연으로 청주에 '율곡로'라는 지명이 있다는 걸 알고 신기해했다. 우리가 매일 걷는 이 길이 '율곡의 길'이었다니! 오천 원짜리 지폐 속의 율곡 이이가 옛 청주 동헌에서 근무하던 모습이 이렇게 생생하다니! 이 신기함은 그대로 공부거리가 되었고, 저절로 교육프로그램이 만들어졌다. 이 율곡 관련 답사 이후 나는 당시로선 생소했던 역사체험학습 단체를 만들었고, 교육 운동도 활발히 했다. 훗날 돌이켜보니 율곡 이이가 내 공부 인생에서 또 한 번 터닝 포인트가 되었던 셈이다.

그런데 몇 년 전부터 뭔가 마음에 차지 않고, 불안하고 답답해지기 시작했다. '일거리로서의 공부, 프로그램을 만들기 위한 공부 말고 다른 것은 없나? 아니 공부라는 허울만 쓰고 있는 것이 아닌가.' 별별 자괴감이 밀려 왔다. 이런 갑갑함을 가지고 있을 때, '감이당'의 문을 두드렸고, 여기서 비로소 『격몽요결』을 제대로 만났다.

『격몽요결』과 껴안고 뒹굴고 씨름하면서 어느 날 깨달았다. 공부길이 새롭게 열릴 때마다 율곡 이이를 만난 것이 인연이라면, 『낭송 격몽요결』은 필연적으로 넘어야 할 산이라는 것을. 결국 공부는 태도의 문제였다. 지식과 정보를 섭렵하고 축적하는 것이 공부가 아니었다.

> 사람이 배움에 뜻을 두고도 …… 성취를 이루지 못하는 것은 낡은 습관이 가로막아 실패하기 때문이다. …… 뜻을 다잡고서 과감히 끊어내지 못하면 끝내 학문을 할 바탕이

없게 된다.(『낭송 격몽요결』, 36쪽)

습관 하나를 바꾸면 우주가 바뀐다고 했다. 『격몽요결』에서 일러주는 대로 입지立志를 먼저 생각했다. 나는 왜 공부를 하는가를 스스로에게 묻고 또 물었다. 어렵게 답을 찾았다. 그러자 이번에는 나쁜 옛 습관이 문제였다. 공부의 가장 큰 적은 바로 낡고 뿌리 깊은 습관이었다. 엉덩이가 가벼워 자꾸만 이곳저곳을 기웃거리곤 했다. 하여 무조건 책상 앞에 나를 붙들어 앉혔다. 『격몽요결』 한 글자 한 글자를 내 힘으로 해석해 나가기 시작했다. 처음에는 포기하고 싶었다. 뛰쳐나가고도 싶었다. 앞으로 『낭송 격몽요결』을 읽어 보면 알겠지만 이런 우리의 증상을 율곡 이이는 부처님 손바닥 내려 보듯 훤하게 알고 있었다.

무지몽매한 사람들을 '격몽'擊蒙하는 것은 다른 것이 없다. 그저 공부를 자기 몸에다 체득시키는 것이다. 처음에는 얽매이는 것 같을 것이다. 고리타분하게도 느껴질 것이다. 하지만 이것이 체화되면 그것이 바로 자기 윤리가 되는 것이다. 이런 과정을 터득하는 것이 바로 공부다.

지난겨울 아이들과 『격몽요결』 낭송캠프를 한 적이 있었다. 2박 3일 내내 『격몽요결』을 읽고 쓰고 외웠다. 율곡 이이가 말하는 공부법 즉 '격몽요결의 비법'이 저절로 효과를 나타냈다. 실제로 캠프 담임교사들은 이렇게 말했다.

"『논어』, 『맹자』보다 애들이 훨씬 더 잘 외우던 걸요. 공자께서 말씀하시는 것보다 율곡 선생이 말하는 게 더 피부로 와 닿나 봐요. 일상적인 가르침이 많잖아요."

"아이들의 몸가짐이 달라요. 구용九容과 구사九思를 외우니까 왠지 눈동자도 똑바로 하고 몸도 곧추세우던 걸요. 1, 2학년반인데도."

"낭송 지도하기가 아주 수월했어요. 어린이 지침서라서 그런지 아이들에게 맞는 내용이 많았어요. 활동성이 많은 3, 4학년 아이들에게 옛날 사람들도 너희같이 놀기 좋아하고 공부를 안 했나 봐. 5천원짜리 지폐를 보여 주면서 그런 얘기를 하니까, 아이들이 아주 실감나게 들었어요."

『낭송 격몽요결』을 낭송하며 이렇게 아이들처럼 공부와 몸을 하나로 붙이는 연습을 많이 했으면 좋겠다.

요즘 우리는 아무리 가방끈이 길어도 현실에서는 청맹과니이기 쉬운데, 율곡은 일상의 구체적인 현장에서 바로 적용 가능하도록 세세하게 일러준다. 이런 점에서 『격몽요결』은 낭송이 제격이다. 몸으로 외워 놓으면 행동은 자동판매기처럼 그대로 튀어나오는 법이다. 앎과 삶의 합일도 바로 이런 것. 이제야 확실히 알겠다. 글이 자동으로 입에서 튀어나오는 것이 낭송이듯, 몸과 마음에 새겨진 공부는 자기 윤리와 행동으로 나타는 것일 테다.

청주 '해인네'와 서울 '감이당'을 오가는 길 위에서

김해숙

덧붙임 | 그야말로 무지몽매한 나를 단호한 회초리로 영글게 해주시는 선생님들과 서로서로 앞에서 끌고 뒤에서 밀어주는 도반들에게 이 책 『낭송 격몽요결』을 바치고 싶다.

격몽요결

1부

배움은 특별한 것이 아니다

1-1.
배우지 않으면 올바른 사람이 될 수 없다

사람이 이 세상에 태어나서 배우지 않으면 사람다운 사람이 될 수 없다. 배운다는 것은 이상하거나 별다른 것이 아니다. 부모는 자식을 사랑해야 하고, 자식은 부모에게 효도해야 하고, 신하는 나라에 충성해야 하고, 부부는 서로 존중(분별)해야 하고, 형제는 우애가 있어야 하고, 젊은이는 어른을 공경해야 하고, 친구 사이에는 믿음이 있어야 한다. 배움은 날마다 살아가는 일상의 행동에서 마땅히 해야 할 일을 하는 것이니, 현묘한 것에 마음을 두어 기이한 효과를 바라서는 안 된다.

_「『격몽요결』 서(序)」

1-2.
배움을 포기하지 말라

배우지 않는 사람은 마음이 꽉 막히고 식견이 어두우니, 사람은 반드시 책을 읽고 이치를 끝까지 연구하여 마땅히 행해야 할 길[道]을 밝혀야 한다. 그런 후에야 학문의 조예가 올바름을 얻고, 실천함이 중도를 얻을 수 있다.

그러나 요즘 사람들은 배움이 일상생활에 있음을 알지 못하고 높고 멀어서 행하기 어렵다고 생각한다. 그리하여 배움을 다른 사람에게 미루고 자포자기하니 어찌 가엾지 않겠는가.

_「『격몽요결』 서(序)」

1-3.
『격몽요결』을 지은 까닭

내가 황해도 해주 남쪽에 거처를 정하자 한두 학생이 찾아와 배움을 청했다. 나는 스승이 될 수 없음이 부끄러웠다. 처음 배우는 사람들이 방향도 알지 못하고 굳은 뜻도 없으면서 무턱대고 더 배우기를 바란다면 서로에게 도움이 되지 않고 오히려 남의 비웃음을 살 것이니 그 또한 두려웠다.

그런 연유로, 한 권의 책을 써서 뜻을 세우고 몸가짐을 삼가며 부모를 봉양하고 남을 대하는 법을 대략 서술하게 되었다. 책 이름을 『격몽요결』擊蒙要訣로 정하니 학생들이 이 책을 보고 마음을 새롭게 하고 몸을 바르게 세워 즉시 공부하기를 바란 것이다. 나 또한 오랫동안 나쁜 습관에 빠졌던 것을 걱정했기에 이 책으로써 스스로 경계하고 성찰하고자 한다.

정축년(1577년) 선달에 덕수 이이가 쓰다.

_「『격몽요결』 서(序)」

격몽요결

2부

배움에 뜻을 세우자

2-1.
성인이 되려는 뜻을 세워야 한다

처음 배우는 사람은 먼저 큰 뜻을 세워서 반드시 성인이 될 것을 스스로 기약해야 한다. 털끝만큼이라도 자신을 하찮게 여기고 성인이 되는 길에서 물러나려는 생각을 해서는 안 된다. 보통 사람도 성인과 더불어 그 본성은 한 가지다. 하지만 기질에서는 맑고 탁함과 순수하고 잡됨의 차이가 있다. 그러나 진실로 알고 실천해서 오래된 습관을 버리고 본성을 회복한다면 털끝 하나 보태지 않아도 모든 선善을 충분히 갖출 수 있다. 그러니 보통사람들도 어찌 성인이 되는 것을 스스로 기약하지 않겠는가?

_ 입지[立志: 배움에 뜻을 세움]장

2-2.
누구나 성인이 될 수 있다

맹자는 사람의 본성이 본래 착하다고 말씀하셨다.

항상 요임금과 순임금의 예로써 이것을 실증하시며, "사람은 누구나 요임금과 순임금처럼 성인이 될 수 있다"고 하셨으니, 어찌 맹자 같은 분이 우리를 속이겠는가?

_ 입지[立志: 배움에 뜻을 세움]장

2-3.
배움은 스스로 구하는 것

배움에 뜻을 둔 사람은 마땅히 분발해야 한다.

"사람의 본성은 본래 선해서 옛날과 지금, 지혜로운 사람과 어리석은 사람의 차이가 없다. 그런데 성인은 어찌하여 홀로 성인이 되고 나는 어찌하여 홀로 보통사람인 것인가? 이는 진실로 뜻을 세우지 못하고, 아는 것이 분명하지 못하며, 행동이 독실하지 못한 데서 비롯된 것이다. 뜻을 제대로 세우고, 아는 것이 분명하고, 행동을 독실하게 하는 것은 모두 나에게 달려 있으니 어찌 남에게서 구하겠는가?

안연이 말하기를, '순임금은 어떤 사람이고 나는 어떤 사람인가. 순임금처럼 행하면 또한 순임금처럼 될 수 있다' 하였으니, 나 또한 안연이 순임금처럼 되기를 바란 것으로써 배움의 법도로 삼고자 한다."

_ 입지[立志: 배움에 뜻을 세움]장

2-4.
오직 배움만이 바꿀 수 있다

사람의 용모는 추한 것을 바꾸어 예쁘게 할 수 없고, 체력은 약한 것을 바꾸어 강하게 할 수 없고, 신체는 키가 작은 것을 바꾸어 크게 늘일 수도 없다. 이것은 이미 정해져서 고칠 수 없기 때문이다.

오직 마음과 뜻은 어리석은 것을 바꾸어 지혜롭게 하고 불초한 것을 바꾸어 현명하게 만들 수 있다. 마음에는 비어 있음과 차 있음이 선천적으로 타고난 것에 구속되지 않기 때문이다.

이 세상에 지혜보다 더 아름다운 것은 없고 현명한 것보다 더 귀중한 것은 없는데 무엇이 괴로워서 현명하고 지혜롭지 못하고, 하늘이 내려 준 본성을 훼손시키는가?

사람들이 이런 뜻을 보존하여 굳게 지키고 물러서지 않는다면 도道의 경지에 가깝게 될 것이다.

_ 입지[立志: 배움에 뜻을 세움]장

2-5.
공부에 뜻을 세웠다면 미루지 마라

사람들은 보통 뜻을 세웠다고 말하면서도 즉시 공부하지 않고 미적거리며 후일로 미룬다. 이는 명분으로는 배움에 뜻을 두었다고 하면서도 실제로는 공부를 향한 정성이 없기 때문이다. 나의 뜻이 진실로 학문에 있다면 인仁을 행하는 것은 나로부터 말미암는 것이다. 하고자 하면 도달하게 되니 어찌 다른 사람에게서 구하며 나중으로 미루겠는가.
뜻을 세우는 것이 귀한 이유는 공부를 해나가면서도 오히려 도달하지 못할까 두려워하여 그 뜻을 항상 마음에 두면 물러나지 않을 수 있기 때문이다. 혹시라도 뜻이 성실하고 독실하지 못해 우물쭈물 세월을 보낸다면 나이가 들어 세상을 마치게 되었을 때 어찌 성취한 것이 있겠는가.

_ 입지[立志: 배움에 뜻을 세움]장

격몽요결

3부

나쁜 습관을 바꿔야 배울 수 있다

3-1. 낡은 습관은 과감히 끊어 낸다

사람이 배움에 뜻을 두고도 용감하게 나아가고 곧게 전진하여 성취를 이루지 못하는 것은 낡은 습관이 가로막아 실패하기 때문이다. 낡은 습관은 아래와 같은 것이니, 뜻을 다잡고서 과감히 끊어 내지 못하면 끝내 학문을 할 바탕이 없게 된다.

첫째, 마음과 뜻이 게으르고 몸가짐과 거동을 제멋대로 하며 다만 한가하고 편안할 것만 생각하여 단속하는 것을 몹시 싫어하는 것이다.

둘째, 이곳저곳 돌아다니기를 좋아하고 안정하지 못하며 어지럽게 드나들면서 쓸데없는 말로 허송세월하는 것이다.

셋째, 남들과 같은 것만 좋아하고 다른 것을 싫어하여 세속적인 것에 빠져 살아 조금 행실을 닦으려 하다가도 남들과 어긋날까 봐 두려워하는 것이다.

넷째, 글과 말로 세상에서 칭찬받기를 좋아해서 경전의 글을 표

절하여 화려하게 꾸미는 것이다.

다섯째, 글씨 쓰는 재주에만 공을 들이고 거문고 뜯고 술 마시는 것을 일삼아 한가롭게 놀며 세월을 보내면서도 스스로는 고상한 취미라고 하는 것이다.

여섯째, 한가한 사람들과 어울리는 것을 좋아하여 바둑과 장기를 두며 하루 종일 배부르게 먹고 싸우고 다투는 것을 일삼는 것이다.

일곱째, 부귀를 흠모하고 부러워하며 빈천을 싫어하고 깔보며 검소한 옷차림과 소박한 음식을 매우 부끄럽게 여기는 것이다.

여덟째, 즐기려는 욕심이 한이 없어 끊고 절제하지 못하고 재물의 이익과 음악과 여색에 빠져 그 맛을 사탕처럼 달게 여기는 것이다.

이러한 습관이 마음을 해치는 것이 대개 이와 같은데 그 나머지는 다 열거하기 어렵다.

_ 혁구습[革舊習: 나쁜 습관을 바꿈]장

3-2.
나쁜 습관은 뿌리째 뽑아낸다

낡은 습관은 사람으로 하여금 뜻을 견고하지 못하게 하고, 행동을 독실하지 못하게 하여, 오늘 한 일을 내일 고치기 어렵게 하고, 아침에 후회한 행동을 저녁에 똑같이 되풀이하게 한다.

반드시 용맹스러운 뜻을 크게 발휘해서 마치 단칼에 뿌리를 통쾌하게 끊어 내듯 마음을 깨끗하게 씻어 내어 털끝만큼도 남은 줄기가 없도록 해야 한다.

항상 크게 반성하는 것에 더 힘을 써서 마음이 한 점이라도 낡은 습관에 오염되는 것이 없게 한 연후에나 학문으로 나아가는 공부를 논의할 수 있을 것이다.

_ 혁구습[革舊習: 나쁜 습관을 바꿈]장

격몽요결

4부

몸가짐을 반듯하게 갖는다

4-1.
악을 행하기는 쉽고, 선을 행하기는 어렵다

배우는 사람은 반드시 성심을 다해 도道로 향해야 하니, 세상의 잡다한 일로 자기의 뜻을 어지럽히지 않은 연후에야 공부를 하는 토대가 마련된다.

공자께서 말씀하시길, "성실과 신의를 핵심으로 삼으라" 하셨고, 주자는 이 말씀을 "사람이 성실과 신의가 없으면 하는 일이 모두 진실함이 없게 된다. 악을 행하기는 쉽고, 선을 행하기는 어려운 일이다. 그러므로 반드시 이 두 가지를 핵심으로 삼아야 한다"고 해석했다.

반드시 성실과 신의를 핵심으로 삼고 용감하게 공부해 나아간 후에야 성취하는 바가 있게 될 것이다.

주자의 제자 황간이 말하기를 "마음의 토대를 진실되게 하고, 각고의 노력으로 공부하라"고 하였으니, 이 두 마디 말에 그 뜻이 다 들어 있다.

_ 지신[持身: 몸가짐을 반듯하게 가짐]장

4-2.
공부에 임하는 몸가짐

항상 일찍 일어나고 밤늦게 자며 옷차림을 바르게 하고 얼굴빛을 엄숙하게 하며 손을 모으고 바르게 앉으며 걸음걸이를 안정되고 조용하게 하며 말과 대답은 신중하게 하고, 움직임 하나하나를 가볍게 여기거나 건성으로 그냥 지나쳐 버려서는 안 된다.

_ 지신[持身: 몸가짐을 반듯하게 가짐]장

4-3.
용모를 단정히 하는 아홉 가지, 구용(九容)

몸과 마음을 단정히 하는 데는 구용九容보다 더 절실한 것이 없다. 구용은 아래와 같다.

첫째, 걸음걸이를 신중하게 한다. 이는 가볍게 거동하지 않는 것이다. 어른 앞을 종종걸음으로 지나가는 것은 이에 해당되지 않는다.

둘째, 손가짐을 공손히 한다. 이는 손을 아무렇게나 늘어뜨리지 않는 것이다. 일이 없을 때는 단정히 손을 모으고 앉아 함부로 움직이지 않는다.

셋째, 눈빛을 단정히 한다. 눈동자를 안정시켜 시선을 똑바로 하고 흘겨보거나 훔쳐봐서는 안 된다.

넷째, 음식을 먹거나 말할 때 외에는 입을 꼭 다문다. 말하거나 먹을 때가 아니면 입을 움직이지 않는다.

다섯째, 목소리는 차분하게 한다. 소리와 기운을 잘 가다듬어 구역질, 트림 등 잡소리를 내지 않는다.

여섯째, 머리는 반듯하게 한다. 머리를 바르게 하고 몸을 곧게 세워 기울여 돌리거나 한쪽으로 치우쳐서는 안 된다.

일곱째, 숨소리는 고르게 한다. 숨을 고르게 쉬고 소리를 내서는 안 된다.

여덟째, 서 있을 때는 덕스럽게 꼿꼿이 선다. 똑바로 서서 치우치지 않으며 엄숙한 덕의 기상이 있어야 한다.

아홉째, 얼굴 표정을 장엄하게 한다. 안색을 단정히 해서 태만한 기색이 없도록 한다.

_ 지신[持身: 몸가짐을 반듯하게 가짐]장

4-4.
지혜를 얻기 위한 아홉 가지, 구사(九思)

학문을 나아가게 하고 지혜를 더하는 데는 구사九思보다 더 절실한 것이 없다. 구사는 아래와 같다.

첫째, 볼 때는 분명하게 볼 것을 생각한다. 볼 때 가려진 것이 없으면 눈이 밝아져서 보지 못하는 것이 없다.

둘째, 들을 때는 또렷하게 들을 것을 생각한다. 들을 때 막힌 것이 없으면 귀가 총명해져 듣지 못하는 것이 없다.

셋째, 얼굴빛은 부드럽게 할 것을 생각한다. 얼굴빛을 온화하고 부드럽게 하여 성내거나 노하는 기색이 없어야 한다.

넷째, 용모는 공손하게 할 것을 생각한다. 일신의 태도가 단정하고 장중하지 않음이 없게 한다.

다섯째, 말은 진실하게 할 것을 생각한다. 한마디 말을 하더라도 진실과 신의가 없으면 안 된다.

여섯째, 일은 경건하게 할 것을 생각한다. 한 가지 일을 하더라도 경건하고 신중하지 않으면 안 된다.

일곱째, 의문이 나면 질문할 것을 생각한다. 마음속에 의심이 있으면 반드시 선각자에게 상세히 물어서 모르는 것을 그대로 두지 않는다.

여덟째, 화가 날 때는 후환이 닥칠 것을 생각한다. 화가 나면 반드시 잘 다스려 이치로써 스스로 이겨내야 한다.

아홉째, 이득을 보면 의로운지 생각한다. 재물을 대할 때는 반드시 의義와 이利를 분별하여 의에 합당한 연후에 취한다.

_ 지신[持身: 몸가짐을 반듯하게 가짐]장

4-5.
구용과 구사

항상 구용과 구사를 마음속에 담고 자기 몸을 단속하여 잠시라도 놓아 버려서는 안 된다.

앉아서 공부하는 자리의 한쪽 벽면에 써 놓고 수시로 봐야 한다.

_ 지신[持身: 몸가짐을 반듯하게 가짐]장

4-6.
예(禮)가 아니면 보지 말라

예가 아니면 보지 말라.

예가 아니면 듣지 말라.

예가 아니면 말하지 말라.

예가 아니면 움직이지 말라.

이 네 가지가 몸을 수양하는 요점이다.

예와 예가 아닌 것을 처음 배우는 사람이 분별하기는 어려우니,

반드시 이치를 끝까지 연구하여 밝혀야 한다.

다만 자신이 이미 알고 있는 것에서부터 힘써 행하여 나간다면

이미 절반은 예에 합당할 것이다.

_ 지신[持身: 몸가짐을 반듯하게 가짐]장

4-7.
공부는 일상에서 배우는 것

학문을 한다는 것은 날마다 행하는 일상에 있다.

평상시에 거처하는 것을 공손하게 하고, 일을 집행하는 것을 공경히 하고, 남과 사귈 때 성실하게 하면, 이것이 학문을 했다는 것이다. 책을 읽는 것은 이러한 이치를 밝히고자 하는 것뿐이다.

_ 지신[持身: 몸가짐을 반듯하게 가짐]장

4-8.
검소해야 한다

의복은 화려하거나 사치하면 안 되고, 추위를 막을 정도면 될 뿐이다.
음식은 달고 맛있는 것을 구해서는 안 되고, 배고픔을 면할 정도면 될 뿐이다.
거처는 크고 편안해서는 안 되고, 병이 나지 않을 정도면 될 뿐이다.
오직 학문하는 노력과 마음을 바르게 하는 수양, 거동과 예의를 지키는 법도, 이 세 가지에 매일 힘쓰고 힘써 스스로 만족해서는 안 된다.

_ 지신[持身: 몸가짐을 반듯하게 가짐]장

4-9.
자신을 이기는 공부

사욕私慾을 이기는 극기克己 공부야말로 일상생활에서 가장 절실한 것이다.

이른바 '사욕'이라고 하는 것은 내 마음에서 좋아하는 것이 천리天理와 합치되지 않는 것을 말한다.

내 마음이 여색을 좋아하는가,

이익을 좋아하는가,

명예를 좋아하는가,

높은 벼슬을 좋아하는가,

편안하게 지내기를 좋아하는가,

잔치하고 즐기는 것을 좋아하는가,

진기한 물건들을 좋아하는가를 반드시 살펴보아야 한다.

대체로 좋아하는 모든 것들이 이치에 맞지 않으면 단번에 모든 것을 철저히 끊어 버려 싹까지도 남겨 두지 말아야 한다. 그런 뒤에야 내 마음에서 좋아하는 것이 의리에 맞게 되어 이겨 내야 할 '사욕'이 없게 된다.

_ 지신[持身: 몸가짐을 반듯하게 가짐]장

4-10.
생각은 줄이고 말은 간결하게

마음 수양에 가장 해로운 것은 말을 많이 하고 쓸데없는 생각을 많이 하는 것이다.
할 일이 없을 때는 조용하게 앉아 마음을 보존한다.
사람을 만날 때는 말을 가려서 간략하면서도 신중하게 한다.
때에 맞게 말을 하면 말이 간결하지 않을 수 없으니, 말이 간결한 사람은 도道에 가깝다.

_ 지신[持身: 몸가짐을 반듯하게 가짐]장

4-11.
법도에 맞게 행하라

선왕의 법도에 맞는 옷이 아니면 감히 입지 않고, 선왕의 법도에 맞는 말이 아니면 감히 말하지 않고, 선왕의 덕행이 아니면 감히 행동하지 않는다.

이것은 죽을 때까지 가슴속에 품고 있어야 한다.

_ 지신[持身: 몸가짐을 반듯하게 가짐]장

4-12.
절제된 행동으로 몸가짐을 삼가라

배우는 사람은 한결같이 도道를 향해야 하니, 바깥 사물이 자신을 이기게 해서는 안 되며, 바깥 사물의 바르지 못한 것은 일절 마음에 두지 말아야 한다.

마을 사람들이 모인 곳에서 쌍륙, 바둑, 저포 등의 노름이 벌어지거든 즉시 눈길도 주지 말고 뒷걸음질 쳐서 물러나야 할 것이요, 기생이 노래하고 춤추는 것을 만나면 반드시 피해 가야 할 것이다.

마을 사람들이 많이 모이는 큰 잔치에서 웃어른이 강하게 붙잡아 피해 갈 수 없는 경우에는 비록 자리에 앉아 있더라도 용모를 단정히 하고 마음을 맑게 해서 기생의 간사한 소리와 음란한 얼굴빛이 나에게 침범할 수 없도록 한다.

잔치에서 술을 마시게 되더라도 심하게 취해서는 안 되고 취기가 오르면 그만 마시는 것이 좋다.

모든 음식은 알맞게 먹어야 하니 먹고 싶은 대로 실컷 먹어서 기氣를 상하게 해서는 안 된다.

담소를 나눌 때는 간략하고 신중하게 해야 하니 시끄럽게 떠들어서 절도를 넘어서는 일이 없도록 한다.

행동거지는 안정되고 세심하게 해서 거칠고 경솔하여 예의를 잃어서는 안 된다.

_ 지신[持身: 몸가짐을 반듯하게 가짐]장

4-13.
마음을 바르게 하라

일을 맡으면 이치에 맞게 처리하고, 책을 읽으면 정성을 다해 이치를 끝까지 연구한다. 이 두 가지를 하는 시간 외에는 조용히 앉아 마음을 모아서 어지럽게 일어나는 잡념을 없애고 흐리멍덩한 상태에서 저지르는 실수가 없도록 해야 한다.
경敬으로써 마음을 바르게 한다는 것은 바로 이와 같은 것이다.

_ 지신[持身: 몸가짐을 반듯하게 가짐]장

4-14.
겉과 속을 같게 하라

몸과 마음을 바르게 하여 겉과 속이 한결같게 해야 하며, 은밀한 곳에 있더라도 드러난 곳에 있는 것처럼 하여 혼자 있을 때도 여러 사람이 있을 때처럼 한다.

이 마음으로 하여금 푸른 하늘에 있는 밝은 해를 사람들이 모두 볼 수 있는 것처럼 해야 한다.

_ 지신[持身: 몸가짐을 반듯하게 가짐]장

4-15.
의로움을 항상 간직하라

한 가지라도 의롭지 못한 일을 행하고, 한 사람이라도 죄 없는 사람을 죽여서 천하를 얻는다 해도 그런 일은 하지 않겠다는 의사意思를 가슴속에 항상 간직해야 한다.

_ 지신[持身: 몸가짐을 반듯하게 가짐]장

4-16.
평생 힘써야 할 세 가지 공부

일상에서 경건함을 유지하는 거경居敬으로 그 근본을 세우고, 이치를 연구하는 궁리窮理로 선善을 밝히고, 힘써 행하는 역행力行으로 그 실질을 실천해야 한다.

거경·궁리·역행, 이 세 가지는 죽을 때까지 해야 할 일이다.

_ 지신[持身: 몸가짐을 반듯하게 가짐]장

4-17.
잊지 말아야 할 두 가지 가르침

"사무사思無邪, 생각에 바르지 않음이 없다!"

"무불경毋不敬, 공경하지 않음이 없다."

오직 이 두 구절은 일생 동안 실천해도 다하지 못할 것이니, 마땅히 벽 위에 써 붙여 놓고 잠시라도 잊어서는 안 된다.

_ 지신[持身: 몸가짐을 반듯하게 가짐]장

4-18.
날마다 스스로 점검할 일

날마다 수시로 스스로 점검해야 한다.

마음을 보존하지 않았는가?

공부는 진전되지 않은 것이 있는가?

행실에 힘쓰지 않음이 있는가?

부족한 점이 있으면 고치고, 없으면 더욱 노력하여 부지런히 힘써서 게을리하지 말아야 하니 죽을 때까지 그만둘 수 없다.

_ 지신[持身: 몸가짐을 반듯하게 가짐]장

격몽요결

5부

책을 읽는 방법

5-1.
책 읽는 것이 가장 먼저다

배우는 사람은 항상 배우려는 마음을 보존하여 외부 상황에 휘둘리지 말아야 하니, 이치를 끝까지 연구하고 선善을 밝힌 후에야 행해야 할 도道가 분명히 앞에 있게 되어 나아갈 수 있는 것이다.

그러므로 도에 들어가려면 이치를 연구하는 것보다 먼저인 것은 없고 이치를 연구하려면 책을 읽는 것보다 먼저인 것은 없다. 성현들이 마음을 쓴 자취와 본받아야 할 선과 경계해야 할 악이 모두 책 속에 들어 있기 때문이다.

_ 독서[讀書: 책을 읽는 방법]장

5-2.
책을 읽는 태도

책을 읽는 사람은 반드시 단정하게 손을 모으고 반듯하게 앉아 공경하는 마음으로 책을 대하며 마음을 집중하고 뜻을 지극히 해야 한다. 자세히 생각하면서 책을 깊게 읽어 글의 의미를 낱낱이 이해하고, 구절마다 반드시 실천할 방도를 찾아야 한다.
만약 입으로만 읽고 마음으로 체득하지 못하여 몸소 실행하지 않는다면 '책은 책대로[書自書], 나는 나대로[我自我]'일 테니 책을 많이 읽더라도 무슨 도움이 되겠는가?

_ 독서[讀書: 책을 읽는 방법]장

5-3.
오서(五書)를 읽는 순서 ①
:『소학』(小學) 읽기

책을 읽는 순서로는, 먼저『소학』을 읽는다.

부모님을 섬기고, 형을 공경하고, 임금에게 충성하고, 어른에게 공손하고, 스승을 받들며, 벗과 친하게 지내는 도리를 하나하나 자세하게 익히고 힘써 실행해야 한다.

_ 독서[讀書: 책을 읽는 방법]장

5-4.
오서(五書)를 읽는 순서 ②
: 『대학』(大學) 읽기

다음으로 『대학』과 주자의 해설서 『대학혹문』大學或問을 읽는다. 이치를 깊이 연구하고 마음을 바르게 하고 자신을 수양하고 남을 다스리는 도리를 하나하나 진실되게 알아서 이를 실천해야 한다.

_ 독서[讀書: 책을 읽는 방법]장

5-5.
오서(五書)를 읽는 순서 ③
:『논어』(論語) 읽기

다음으로『논어』를 읽는다.

인仁을 추구하고 자신을 위한 학문을 하며 근원을 함양하는 공부를 하나하나 자세하게 생각하고 깊이 체득해야 한다.

_ 독서[讀書: 책을 읽는 방법]장

5-6.
오서(五書)를 읽는 순서 ④
:『맹자』(孟子) 읽기

다음으로『맹자』를 읽는다.

의리와 이익을 명확하게 판별하는 것과 사람의 욕심을 막고, 하늘의 이치를 보존하는 말을 하나하나 분명하게 살펴서 확충擴充해 나아가야 한다.

_ 독서[讀書: 책을 읽는 방법]장

5-7.
오서(五書)를 읽는 순서 ⑤
:『중용』(中庸) 읽기

다음으로『중용』을 읽는다.

성정의 덕德과 확장하여 중용에 이르는 공부와 천지가 제자리를 얻고 만물이 생육하는 미묘한 이치를 하나하나 음미하고 탐색하여 터득함이 있어야 한다.

_ 독서[讀書: 책을 읽는 방법]장

5-8.
오경(五經)을 읽는 순서 ①
:『시경』(詩經) 읽기

다음으로『시경』을 읽는다.

성정의 사악함과 올바름, 선함을 칭송하고 악함을 경계하는 것에 대해 하나하나 깊이 풀어내어 선한 마음을 드러내고, 악한 마음을 징계해야 한다.

_ 독서[讀書: 책을 읽는 방법]장

5-9. 오경(五經)을 읽는 순서 ②
:『예경』(禮經) 읽기

다음으로『예경』禮經을 읽는다.

하늘의 이치로 만든 예절과 사람이 지켜야 할 법도를 하나하나 따져 보고 연구하여 세움이 있어야 한다.

_ 독서[讀書: 책을 읽는 방법]장

5-10.
오경(五經)을 읽는 순서 ③
:『서경』(書經) 읽기

다음으로 『서경』을 읽는다.

이제二帝: 요, 순와 삼왕三王: 하·은·주 삼대의 우, 탕, 문·무이 천하를 다스린 큰 법도에 대해 하나하나 핵심을 깨달아 그 근본으로 거슬러 올라가야 한다.

_ 독서[讀書: 책을 읽는 방법]장

5-11.
오경(五經)을 읽는 순서 ④
:『역경』(易經) 읽기

다음으로『역경』주역을 읽는다.

길흉吉凶과 존망存亡, 진퇴進退와 성쇠盛衰의 징조를 하나하나 관찰하고 음미해서 깊이 연구해야 한다.

_ 독서[讀書: 책을 읽는 방법]장

5-12.
오경(五經)을 읽는 순서 ⑤
:『춘추』(春秋) 읽기

다음으로 『춘추』를 읽는다.

성인聖人이 선한 사람에게 상을 주고 악한 사람에게 벌을 준 것과 잘못은 억누르고, 잘한 일은 들추어내어 평가를 내린 은미한 말씀과 깊은 의미를 하나하나 정밀히 연구하여 깊게 깨달아야 한다.

_ 독서[讀書: 책을 읽는 방법]장

5-13.
더 읽어야 할 책

오서五書와 오경五經을 순서대로 여러 번 숙독하여 글의 이치를 깨닫기를 멈추지 않아 책의 내용이 날로 분명해지게 해야 한다. 그 다음에는 송나라의 선배 유학자들이 지은 『근사록』近思錄, 『주자가례』朱子家禮, 『심경』心經, 『이정전서』二程全書, 『주자대전』朱子大全, 『주자어류』朱子語類와 기타 성리의 학설을 주장한 책들을 틈틈이 정밀하게 읽어야 한다. 이런 책을 읽을 때에는 뜻과 이치가 항상 내 마음에 스며들도록 하여, 어느 때고 단절됨이 없도록 한다. 여력이 있으면 역사책을 읽어 옛날과 지금의 일에 통하고, 세상일의 변화에 통달하는 식견을 길러야 한다. 이단이나 잡스럽고 바르지 않은 책들은 잠시라도 펼쳐 보아서는 안 된다.

_ 독서[讀書: 책을 읽는 방법]장

5-14.
한 권이라도 제대로 읽어라

책을 읽을 때는 반드시 한 권의 책을 숙독하여 의미를 다 밝혀 책의 전체 뜻을 관통하여 의심나는 부분이 없게 된 연후에 다른 책을 읽어야 한다. 많은 책을 읽으려는 욕심을 부리거나 빠른 효과를 얻으려고 분주하게 이 책 저 책을 섭렵해서는 안 된다.

_ 독서[讀書: 책을 읽는 방법]장

격몽요결

6부

부모를 섬기는 방법

6-1. 아버지 나를 낳으시고, 어머니 나를 기르시니

부모에게 효도해야 하는 것을 알지 못하는 사람은 없지만 정작 효도하는 이는 매우 드무니, 부모의 은혜를 깊이 깨닫지 못하고 있기 때문이다.
『시경』詩經에서 이르지 않았는가.

> 아버지 나를 낳으시고
> 어머니 나를 기르시니
> 은혜를 갚고자 해도
> 하늘과 같아 끝이 없구나!

자식이 태어날 때 생명과 혈血과 육肉은 모두 부모가 물려주신 것이다. 숨을 들이마시고 내뱉으면서 기氣와 맥脈이 서로 통하게 되었으니 이 몸은 나의 사사로운 물건이 아니라 부모가 물려주신 기운이다.

또 『시경』에서 노래하였다.

> 애달프구나, 애달프구나. 부모님이시여!
>
> 나를 낳고 기르시느라 수고하셨네.

이 같은 부모의 은혜를 어찌하리.

감히 이 몸을 자신의 것이라 하여 부모에게 효도를 다하지 않을 수 있겠는가. 사람이 항상 이 마음을 가지고 있으면 저절로 부모를 향한 정성이 생겨날 것이다.

_ 사친[事親: 부모를 섬기는 방법]장

6-2.
부모의 뜻을 받들어라

부모를 섬기는 사람은 한 가지 일, 한 가지 행실이라도 제멋대로 해서는 안 되니, 반드시 여쭈어 명을 받은 후에 행해야 한다. 만약 해야 하는 일이 생기더라도 부모가 허락하지 않으시면 반드시 간절하게 이유를 말씀드려 허락하신 후에 행한다. 만약 끝내 허락하시지 않는다 해도 곧바로 자기 뜻대로 일을 해서는 안 된다.

_ 사친[事親: 부모를 섬기는 방법]장

6-3.
부모를 섬기는 일상

매일 날이 밝기 전에 일어나 깨끗이 세수하고 머리 빗고 단정히 옷을 입은 다음, 부모의 침소로 찾아가서 목소리를 부드럽게 하여 덥거나 춥지는 않은지 편안히 주무셨는지 안부를 묻는다.
날이 어두워지면 침소로 찾아가 이부자리를 깔아 드리고 따뜻한지 서늘한지를 살핀다.
날마다 받들어 모실 때는 항상 온화한 얼굴빛과 공손한 태도와 공경하는 마음으로 대하며, 곁에서 봉양할 때는 극진히 정성을 다하고 외출할 때나 돌아왔을 때는 반드시 절을 하고 아뢰어야 한다.

_사친[事親: 부모를 섬기는 방법]장

6-4.
부모의 입맛에 맞는 음식

요즘 사람들 대부분은 부모로부터 양육의 은혜를 입었으면서도 자기가 힘써 부모를 봉양할 줄은 모른다. 이처럼 허송세월한다면 끝내 부모를 정성껏 봉양할 시간은 없게 될 것이다.

반드시 몸소 집안일을 맡아서 스스로 맛있는 음식을 갖추어 드린 연후에야 자식의 직분을 다했다고 할 것이지만, 만약 부모가 굳이 받아들이지 않으셔서 스스로 집안일을 맡을 수 없을지라도 마땅히 주선하고 보조하여 힘을 다해 맛있는 음식을 마련해서 부모의 입맛에 맞도록 하는 것이 좋다. 만약 마음과 생각이 온통 부모의 봉양에 있다면 반드시 진미珍味를 얻을 수 있을 것이다.

중국의 효자로 이름난 왕연王延이 한겨울 몹시 추울 때 자신의 몸에는 성한 옷을 입지 못했으나 아버지에게 맛있는 음식을 극진하게 대접하여 다른 사람들로 하여금 감탄의 눈물을 흘리게 하였다는 것을 매번 생각하라.

_ 사친[事親: 부모를 섬기는 방법]장

6-5.
일상에서 부모를 공경하는 방법

보통 부모와 자식 사이에는 대부분 부모를 공경하는 마음보다 자식을 사랑하는 마음이 지나치기 쉬우니, 반드시 낡은 습관을 깨끗이 씻어 없애고 부모를 존경하는 마음을 극진히 해야 한다. 부모가 앉거나 눕는 곳에서는 자식이 감히 앉거나 눕지 않으며, 부모가 손님을 대접하는 곳에서는 자식이 감히 자기 손님을 대접하지 않으며, 부모가 말을 타고 내리는 곳에서는 자식이 감히 말을 타고 내리지 않는 것이 옳다.

_ 사친[事親: 부모를 섬기는 방법]장

6-6.
부모의 마음을 헤아려야

부모의 뜻이 이치에 해롭지 않다면 먼저 부모의 뜻을 이어받아 따르고 조금이라도 소홀히 생각하여 어겨서는 안 된다.
만약 부모의 뜻이 이치에 어긋나면 얼굴빛과 목소리를 온화하고 부드럽게 하여 조심스럽게 말씀드리고 반복하여 말씀드려서 반드시 부모가 받아들이기를 기약해야 한다.

_사친[事親: 부모를 섬기는 방법]장

6-7.
부모가 병이 드시면

부모가 병이 드시면 마음으로 걱정하고 얼굴로 근심하니, 다른 일은 제쳐두고 오직 의원에게 묻고 약을 짓는 일에 힘써야 한다. 부모의 병환이 낫게 되면 평소 하던 일을 다시 한다.

_ 사친[事親: 부모를 섬기는 방법]장

6-8.
늘 부모를 생각하라

일상생활에서 잠시라도 부모를 잊지 않아야 효도를 한다고 할 수 있다. 몸가짐을 삼가지 않고 법도에 어긋나는 말을 하며 장난이나 치면서 세월을 보내는 사람은 모두 자신의 부모를 잊은 것이다.

_ 사친[事親: 부모를 섬기는 방법]장

6-9.
부모를 모시는 시간은 길지 않다

세월은 물과 같이 흘러가니 부모를 모실 수 있는 시간은 길지 않다. 자식 된 사람은 정성을 다하고 온 힘을 다하여 모시지 못할까 두려운 듯 행동하는 것이 옳다.

옛사람의 시에서 말했다.

> 옛사람들은 부모님을 하루라도 더 봉양할 수 있다면
> 삼공三公과 같은 높은 자리와도 바꾸지 않았다.

부모를 모실 수 있는 시간을 아낀다는 것이 이와 같다.

_ 사친[事親: 부모를 섬기는 방법]장

격몽요결

7부

상을 치르는 법

7-1.
상제는 『주자가례』를 따르라

상제는 마땅히 『주자가례』朱子家禮에 따라야 한다.

만약 의심스럽거나 모르는 것이 있으면 예禮를 잘 아는 선생이나 어른에게 질문하여 반드시 그 예를 다하는 것이 옳다.

_ 상제[喪制: 상을 치르는 법]장

7-2.
초혼(招魂)의 예(禮)

고인의 혼을 부르는 초혼超魂 의식에서 보통 어릴 때의 이름을 부르는데, 이는 예가 아니다.

젊은 사람의 경우에는 이름을 불러도 무방하나, 어른의 경우에는 이름을 불러서는 안 된다. 살아 계실 때 불렀던 대로 하는 것이 옳다. 부녀자의 경우는 더욱더 이름을 불러서는 안 된다.

_ 상제[喪制: 상을 치르는 법]장

7-3.
어머니가 돌아가셨을 때

어머니가 돌아가셨을 때 아버지가 살아계시면 아버지가 상주가 된다. 축문의 형식도 남편이 아내에게 고하는 예를 따라야 한다.

_ 상제[喪制: 상을 치르는 법]장

7-4.
부모가 돌아가셨을 때

부모가 돌아가시면 우선 아내와 첩, 며느리와 딸들은 모두 머리를 푼다.

남자들은 머리를 풀고 옷깃을 걷어 올린 채 맨발로 있는다(소렴小殮: 입관한 뒤에는 남자는 왼쪽 어깨를 드러내고 머리를 묶으며 여자는 머리를 올린다). 양자로 간 아들과 시집을 간 딸은 모두 머리를 풀지 않고 맨발로 있지 않는다(남자는 관을 벗는다).

_ 상제[喪制: 상을 치르는 법]장

7-5.
염하기 전부터 발인까지

고인이 침상에 있고 빈소가 차려지지 않았을 때는 집안의 남녀가 시신 옆을 지키는데 고인의 머리가 있는 남쪽이 상석이 된다. 빈소를 차린 후에는 여자들은 이전과 같이 마루 위에 자리를 잡는데 남쪽이 상석이 된다. 남자들은 뜰아래에 자리를 잡는데 북쪽이 상석이 되니 빈소가 있는 곳이 상석이기 때문이다.

발인을 할 때에는 남녀의 위치를 다시 남쪽을 상석으로 하니 영구靈柩가 있는 곳을 상석으로 삼기 때문이다. 수시로 남녀 상주의 서 있는 위치가 변하는 것은 자리마다 예의 의미가 달라지기 때문이다.

_ 상제[喪制: 상을 치르는 법]장

7-6.
조문하는 법

요즘 사람들은 대부분 상례를 알지 못하여 조문객이 위로할 때 상주가 전혀 움직이지 않고 엎드려만 있을 뿐이니 이것은 예가 아니다.

조문객이 영위靈位에서 절을 하고 물러 나오면 상주들은 상주의 자리에서 나와 조문객을 향하여 두 번 절하고 곡을 하는 것이 예에 맞다. 조문객도 마땅히 상주에게 답례해야 한다.

_ 상제[喪制: 상을 치르는 법]장

7-7.
상복을 입는 예

상복喪服과 머리와 허리에 묶는 끈은 병이 있거나 일할 때가 아니면 벗어서는 안 된다.

『주자가례』에 따르면 부모의 상에는 성복成服: 상복을 입는 것하는 날에 비로소 죽을 먹는다.

졸곡卒哭: 삼우제를 지내는 것하는 날에는 비로소 거친 밥과 물을 마시지만 국은 먹지 않는다. 채소와 과일도 먹지 않는다.

소상小祥: 장례를 치른 1년 뒤이 지난 후에야 비로소 채소와 과일을 먹는다. 이때는 국을 먹어도 된다.

『가례』의 내용이 이와 같으니 병이 있는 경우가 아니라면 마땅히 예에 따라야 한다.

_ 상제[喪制: 상을 치르는 법]장

7-8.
억지로 예를 행하지 말라

어떤 사람은 예를 행하는 것이 지나쳐서 3년 동안 죽만 먹는다. 이처럼 정성과 효성이 다른 사람보다 뛰어나 억지로 할 뜻이 조금도 없다면 비록 예가 지나치더라도 괜찮다. 그러나 정성과 효성이 지극하지 못한데 억지로 예를 넘치게 갖추려 한다면 이것은 스스로를 속이고 부모를 속이는 것이니 경계해야 한다.

_ 상제[喪制: 상을 치르는 법]장

7-9.
신주를 모시는 법

지금 예법을 아는 집안에서는 대부분 장사 지낸 후에 반혼返魂: 신주를 집으로 모셔오는 것을 하는데 이것은 참으로 올바른 예법이다. 그러나 요즈음 사람들은 이를 흉내만 내어 여묘廬幕: 상제가 여막을 짓고 살며 무덤을 지키는 것의 풍속을 없애 버리고 반혼한 다음, 각각 자신의 집으로 돌아가서 처자와 함께 거처하니 예법이 크게 무너지게 되어 매우 한심스럽다.

만약 부모의 초상을 치르는 사람이 스스로 하나하나 예를 따르고 있는가를 헤아려 보아 조금이라도 모자람이 없다고 생각된다면 예를 따라 반혼해도 된다. 혹여 그렇지 않으면 옛 풍속에 따라 여묘하는 것이 옳다.

_ 상제[喪制: 상을 치르는 법]장

7-10.
마음으로 초상을 치르라

부모의 초상에서 성복하기 전에는 곡하고 우는 것을 끊어지지 않게 해야 한다. 장사를 치르기 전까지는 곡하는 데에 정해진 때가 없으니 애통한 마음이 일어나면 곡을 한다. 졸곡 후에는 아침 저녁으로 두 번 곡을 한다. 『주자가례』의 내용은 대강 이와 같지만 정성이 지극한 효자라면 곡하고 우는 것에 어찌 정해진 횟수가 있겠는가.

초상은 슬픔은 부족한데 예를 잘 차리는 것보다 예는 부족하더라도 슬픔이 넘치는 것이 더 낫다. 초상 치르는 일은 슬픔과 공경하는 마음을 극진히 하면 되는 것이다.

_ 상제[喪制: 상을 치르는 법]장

7-11. 부모의 상은 정성을 다해야

증자曾子가 말했다.

"사람이 스스로 마음을 다한 적이 없더라도 부모의 초상에서는 마음을 다하기 마련이다."

장사에 마음을 다하는 것은 부모를 섬기는 큰 예절이니 여기에 정성을 다하지 않는다면 그 정성을 어디에 쓰겠는가?

옛날에 동이 사람 소련小連과 대련大連은 상을 잘 치러서 사흘 동안 애통해하기를 게을리하지 않았고, 석 달 동안 예법을 소홀히 하지 않았고, 일 년 동안 슬퍼했고, 삼 년 동안 근심하였다. 이것이야말로 상중의 법도이다. 효성이 지극한 사람은 일부러 힘쓰지 않아도 잘할 수 있거니와 미치지 못하는 사람이라면 힘써서 상례를 따라야 한다.

_ 상제[喪制: 상을 치르는 법]장

7-12.
병이 날 정도로 슬퍼하는 것도 불효

효성이 지극하지 못하여 상을 치를 때에도 예법을 따르지 못하는 사람은 참으로 말할 것도 없다. 그러나 간혹 타고난 본바탕은 아름답지만 배우지 못한 사람 중에는 예법을 그대로 따르는 것이 효도인 줄 아는 사람이 있다. 그리하여 자신의 몸을 상하게 하는 것이 효에 어긋나는 것임을 알지 못한다. 이런 사람들은 애통해하다가 몸을 훼손시켜 병이 생겼는데도 융통성 있게 하지 못하고 생명을 잃는 경우도 간혹 있으니 매우 애석한 일이다. 이런 까닭에 초상을 치르다가 몸이 수척해지고 목숨을 상하게 하는 것, 그것을 군자는 불효라고 한다.

_ 상제[喪制: 상을 치르는 법]장

7-13.
특별한 경우의 상례

상복을 입어야만 할 친척이 돌아가셨을 때 다른 곳에서 부음을 들으면 위패를 모셔 놓고 곡을 한다. 초상에 달려가야 할 경우라면 그 집에 도착하자마자 상복을 입는다. 초상에 달려갈 수 없는 경우 나흘 만에 상복을 입는다. 재최복齋衰服: 굵은 삼베로 지은 상복. 망자와의 관계에 따라 입는 기간이 달라진다을 입는 경우, 상복을 입기 전 위패를 만들어 놓고 사흘 동안 아침저녁으로 모여서 곡을 한다.

_ 상제[喪制: 상을 치르는 법]장

7-14.
초상에 직접 갈 수 없을 때

스승과 친구 중에 의리가 깊은 사람, 상복을 입지 않아도 되는 친척이라도 정이 두터운 사람, 또 서로 알고 지내는 중에 친밀하게 교분을 나눈 사람의 경우, 상이 났다는 말을 듣고도 길이 멀어 초상에 직접 갈 수 없다면 위패를 세워 놓고 곡을 한다.

_ 상제[喪制: 상을 치르는 법]장

7-15.
스승이 돌아가셨을 때

스승과의 정과 의리가 깊고 얕음에 따라 삼 년 혹은 일 년 또는 아홉 달, 다섯 달, 석 달 동안 심상心喪: 상복은 입지 않고 마음으로 애도하는 것의 기간을 갖는다.

스승이 돌아가셔서 삼 년이나 일 년 동안 심상을 행하고자 할 때 초상집에 갈 수 없는 경우라면 위패를 세운 후 아침저녁으로 곡을 하고 나흘 만에 그쳐야 한다(그러나 정이 깊은 자는 제한하지 않는다).

_ 상제[喪制: 상을 치르는 법]장

7-16.
친구의 초상

친구의 초상은 우정이 아주 깊다 하더라도 애도 기간은 석 달을 넘지 않게 한다.

_ 상제[喪制: 상을 치르는 법]장

7-17.
초하룻날 위패 앞에 모여

상복을 입게 된 사람은 매월 초하룻날 위패 앞에 가서 상복 차림으로 모여 곡을 한다. 스승이나 친구처럼 상복을 입지 않는 경우에도 이와 같이 한다.

상복을 입는 기간을 채웠으면 다음 달 초하루에 위패가 있는 곳에서 상복을 입고 모여 곡을 한 후에 상복을 벗는다. 그 사이에도 슬픔이 지극하면 곡을 해도 된다.

_ 상제[喪制: 상을 치르는 법]장

7-18.
대공 이상의 상을 당했을 때

대공大功: 9개월간 상복을 입어야 하는 상 이상의 상을 당하면 장사를 지내기 전에는 특별한 이유 없이 바깥출입을 하지 않는다. 남의 집 초상에 조문도 가지 않는다. 상례를 치를 때는 항상 예에 맞도록 하는 것이 중요하다.

_ 상제[喪制: 상을 치르는 법]장

격몽요결

8부

제사를 지내는 예(禮)

8-1.
제사는 종손이 주관한다

제사는 마땅히 『주자가례』朱子家禮에 따라야 한다. 사당을 세워 조상의 신주를 모시며, 제사 비용을 마련할 제전祭田을 준비하고, 제기祭器를 갖추어야 하는데, 이 모든 것은 종손이 주관한다.

_ 제례[祭禮: 제사 지내는 법]장

8-2.
사당을 주관하는 사람

사당을 주관하는 사람은 매일 새벽 사당으로 들어가 두 번 절하고 바깥출입을 할 때마다 반드시 사당에 고한다. 사당을 주관하는 사람이 아니더라도 주관하는 사람을 따라 함께 뵙는 것은 무방하다.

_ 제례[祭禮: 제사 지내는 법]장

8-3.
수재(水災)나 화재(火災)가 났을 때

집안에 수재나 화재가 나거나 도적이 들어왔을 때는 먼저 사당부터 구한다. 조상의 신주와 남겨 주신 책들을 안전한 곳으로 옮긴다. 다음으로 제기를 옮기고 그 뒤에 집안의 재물을 옮긴다.

_ 제례[祭禮: 제사 지내는 법]장

8-4.
제사 지내는 법

정월 초하루와 동짓날, 매월 초하루와 보름에는 사당에 참례參禮: 제사에 참여하는 것한다. 단오와 추석 같은 명절에는 제철 음식을 올린다.

『주자가례』에 따라 매년 음력 2월, 5월, 8월, 11월에 올리는 시제時祭를 지내기 전에는 나흘 동안 산재散齋: 집안에서 몸과 마음을 근신하는 것 기간을 갖는다. 그후에 사흘 동안 치재致齋: 사당 안의 재궁에서 몸과 마음을 깨끗이 하는 것 기간을 갖는다. 기제忌祭: 매년 돌아가신 날에 지내는 제사에는 산재를 이틀 하고, 치재를 하루 한다. 참례할 때는 하루 동안 재계齋戒를 한다. 산재 기간에는 초상집에 문상을 가지 않고 병문안도 하지 않는다. 훈채葷菜: 파·마늘 같이 냄새나는 채소를 먹지 않고, 술을 마시게 되어도 취해서는 안 된다. 흉하거나 더러운 일에 관여해서는 안 되며, 길에서 갑자기 흉하거나 더러운 것을 만나게 되더라도 눈을 가리고 피하여 보지 말아야 한다.

치재 기간에는 음악을 듣지 않고 출입을 삼가며, 온 마음을 다해 제사를 받으실 분을 생각한다. 그분이 생전에 거처하셨던 것을 생각하고, 그분이 웃고 말씀하셨던 것을 생각하고, 그분이 좋아하셨던 것을 생각하고, 그분이 즐거워하셨던 일을 생각한다. 이렇게 해야 제사를 올리는 시간에 그분의 모습이 보이는 듯하고 음성이 들리는 듯하여 정성이 지극해지고 신령이 흠향歆饗하는 것이다.

_ 제례[祭禮: 제사 지내는 법]장

8-5.
형편에 맞춰 제사를 지내라

제사는 사랑하고 공경하는 마음으로 정성을 다하면 된다.

가난하면 형편에 맞게 지내고 병이 있으면 기력을 헤아려 제사를 지낸다.

재물과 기력이 있는 사람은 스스로 헤아려 예법에 따라 지내면 된다.

_ 제례[祭禮: 제사 지내는 법]장

8-6.
묘제와 기제의 예(禮)

지금 세속에서는 묘제墓祭: 봄가을에 묘소에서 지내는 제사와 기제忌祭: 매년 돌아가신 날에 지내는 제사를 자손들이 돌아가면서 지내는데 이것은 예에 맞지 않는다.

묘제는 돌아가며 지내더라도 묘소에서 지내는 제사이니 그런대로 괜찮다. 그러나 기제를 신주가 있는 사당에서 지내지 않고 지방을 써 붙이고 제를 지내니 매우 편치 않은 일이다. 사정이 있어 돌아가며 지내더라도 제대로 음식을 갖추어 사당에서 지내는 것이 좋다.

_ 제례[祭禮: 제사 지내는 법]장

8-7.
상례와 제례

상례와 제례 이 두 가지 예절은 자식 된 도리로서 가장 정성을 쏟아야 하는 일이다.
이미 돌아가신 부모는 다시 봉양할 수 없으니, 초상에서 예를 다 하지 않고 제사 지낼 때 정성을 다하지 않는다면 부모를 잃은 통한을 표현할 길이 없고 슬픔을 풀어낼 기회가 없게 될 것이다. 자식 된 정으로 그 마음이 어떻겠는가.
증자가 말하길, "돌아가신 분을 신중히 모시고 조상을 추모하면 백성의 덕이 후한 데로 돌아간다" 하였으니, 이는 자식 된 도리로 깊이 생각해야 한다.

_ 제례[祭禮: 제사 지내는 법]장

8-8.
예법을 따르라

지금 풍속에서 예를 알지 못해 제사 지내는 의식이 집집마다 같지 않은 일이 많으니 매우 우스운 일이다. 예법에 맞게 한 가지로 정하지 않으면 끝내는 문란하고 질서가 없어져 오랑캐의 풍속으로 돌아가게 될 것이다.

이에 제례를 뽑아서 뒤에 부록으로 붙이고 또 그것을 그림으로 그렸으니 자세히 살피고 본떠 이대로 행하라. 만일 부형父兄이 따르려 하지 않으시면 곡진히 아뢰어서 기필코 올바른 데로 돌아오도록 해야 할 것이다.

_ 제례[祭禮: 제사 지내는 법]장

격몽요결

9부

집안을 다스리는 방법

9-1.
집안에서도 예법을 지켜야

집에서 생활할 때는 예법을 지켜서 처자와 집안 식구들을 거느려야 한다. 그들에게 각각 직책을 나누어 주고 할 일을 맡겨서 그들이 맡은 일을 완수하기를 권장해야 한다.

_ 거가[居家: 집에서 생활하는 법]장

9-2.
생활은 검소하게

재물의 씀씀이를 절제하고 수입을 헤아려 지출해야 한다. 재산이 있고 없음에 따라 윗사람과 아랫사람의 의식衣食과 길흉사의 비용을 지급하되 모두 절도에 맞게 하여 균일하지 않음이 없어야 한다. 쓸데없는 비용을 줄이고 사치와 화려함을 금하고 조금이라도 여분을 남겨 항상 예상 밖의 일에 대비해야 한다.

_ 거가[居家: 집에서 생활하는 법]장

9-3.
관례와 혼례

관례冠禮와 혼례婚禮의 법도는 『주자가례』朱子家禮에 따라야 하며 구차하게 세상의 풍속에 따라서는 안 된다.

_ 거가[居家: 집에서 생활하는 법]장

9-4.
형제가 우애 있게 지내는 법

형제는 부모가 주신 몸을 함께 받은 것이니 나와는 한 몸과 같다. 저와 나 사이에는 거리가 없어야 하고, 먹을 것, 입을 것의 있고 없음도 함께해야 한다. 형이 굶주리고 있는데 아우는 배가 부르고, 아우는 추위에 떨고 있는데 형은 따뜻하다면 이것은 한 몸에 있는 팔다리가 하나는 병들고 하나는 건강한 것과 같다. 몸과 마음이 어찌 한쪽만 편안할 수 있겠는가. 지금 사람들이 형제끼리 서로 사랑하지 않는 것은 모두 부모를 사랑하지 않기 때문이다. 부모를 사랑하는 마음이 있다면 어찌 그 부모가 낳은 자식을 사랑하지 않을 수 있겠는가. 형제가 착하지 않은 행동을 한다면 정성을 다해 충고해야 할 것이요, 점차 이치로 깨우쳐 주어 마음으로부터 깨닫도록 해야 한다. 갑자기 사나운 얼굴빛을 하거나 거슬리는 말을 해서 형제간의 화목함을 잃어서는 안 된다.

_거가[居家: 집에서 생활하는 법]장

9-5. 부부가 화목하게 지내는 법

오늘날 배우는 사람 중에 겉으로는 비록 몸을 삼가지만 속으로는 독실한 사람이 드물다.

부부지간을 보더라도 이부자리 위에서 지나치게 정욕을 좇아 체통을 잃는 경우가 많으며, 지나치게 허물없이 대하지 않고 서로 존중하는 사람이 드물다. 이와 같이 하면서 몸을 수양하고 집안을 바로잡고자 한들 어렵지 않겠는가.

남편은 온화하면서 옳은 도리로써 절제하고 아내는 순종하며 바른 도리로써 남편을 받들어야 한다. 부부 사이에 예의와 공경하는 마음을 잃지 않아야만 집안을 다스릴 수 있다.

종전까지 서로 지나치게 가까워 버릇없이 굴었다면 하루아침에 갑자기 서로 공경하고자 해도 그 형세가 이루어지기 어려우니, 모름지기 아내와 함께 서로 경계하여 이전의 습관을 버리고 점차 예禮로 들어가는 것이 옳다.

아내가 나의 말과 몸가짐이 한결같이 올바른 데서 나오는 것을 본다면 반드시 점점 서로 믿고 순종하게 될 것이다.

_ 거가[居家: 집에서 생활하는 법]장

9-6.
자녀교육법

자식을 낳으면 말귀를 조금 알아들을 때부터 선한 방향으로 이끌어야 한다. 어리다고 가르치지 않으면 이미 장성하여 나쁜 것을 익히고 방심하게 되어 가르치기가 매우 어려워질 것이다.

자식을 가르치는 순서는 마땅히 『소학』小學을 따라야 할 것이니 한 집안에서 예법을 일으켜 행하고, 서간문이나 글씨 쓰는 일 이외에 다른 잡기를 하지 않는다면 자제들이 쓸데없는 데에 마음을 써서 학업을 저버릴까 근심하지 않아도 된다.

형제의 자식은 내 자식이나 마찬가지이므로 조카들을 사랑하고 가르치기를 내 자식과 똑같이 해야 한다. 조금이라도 차별을 두어서는 안 된다.

_ 거가[居家: 집에서 생활하는 법]장

9-7.
하인들을 대하는 법

비복婢僕: 계집종과 사내종들은 나의 수고로움을 대신하는 사람들이니 먼저 은혜를 베풀고 난 다음에 위엄을 세워야 그들의 마음을 얻을 수 있다.

임금이 백성을 대하는 것과 주인이 비복을 대하는 것은 그 이치가 같다. 임금이 백성을 아끼지 않으면 백성이 흩어지고 백성이 흩어지면 나라가 망한다. 주인이 비복을 돌보지 않으면 비복이 흩어지고 비복이 흩어지면 집안은 망하게 된다. 나라나 집안의 형세는 반드시 이렇게 되는 것이다.

비복들이 굶주리지는 않는지, 춥지는 않은지를 깊이 걱정하여 옷과 먹을 것을 지급하고 살 곳을 얻게 해 준다. 허물과 잘못이 있을 때는 먼저 부지런히 타이르고 가르쳐서 고치게 한다. 가르쳐도 고치지 않으면 그때는 회초리를 든다. 비복들이 진심으로 주인의 회초리가 가르치기 위함이지 미워해서가 아님을 알게 되면 마음을 고쳐먹고 얼굴 표정을 풀 것이다.

_ 거가[居家: 집에서 생활하는 법]장

9-8.
하인 사이에도 남녀의 분별이 있어야 한다

집안을 다스리는 데는 예법으로 남녀의 일을 분별해야 하니, 비복이라 하더라도 남자와 여자가 섞여 거처해서는 안 된다.
남자 하인은 주인이 시키는 일이 없으면 안채로 들어와서는 안 되며, 여자 하인에게는 남편을 정해 주어 예법에 어긋나는 행동을 하지 못하게 한다. 만약 예법에 어긋난 일을 계속한다면 내쫓아 따로 살게 하여 가풍을 더럽히지 않도록 해야 한다.
비복끼리 화목하게 지내야 하니 싸우고 시끄럽게 하는 자가 있으면 따끔하게 금지하고 제재해야 한다.

_거가[居家: 집에서 생활하는 법]장

9-9.
부귀를 가볍게 여기라

군자는 도를 걱정해야지 가난을 걱정해서는 안 된다.
다만 집이 가난해서 살아갈 방도가 없으면 가난에서 벗어날 방책을 생각해야 한다. 그래도 겨우 굶주림과 추위를 면하면 될 뿐이니 많이 쌓아 두고 풍족하게 살려는 생각은 하지 말아야 하며, 세상의 비루한 일은 가슴에 담아 두지 말아야 한다.
옛날 은자 중에는 짚신을 삼아서 먹고산 사람『맹자』,「등문공 하」편의 은둔해 살았던 백이를 비유도 있고 나무를 하거나 고기를 잡아서 생활한 사람왕유의 시「도원행」의 은자를 비유도 있고 지팡이를 꽂아 놓고 김을 맸던 사람『논어』,「미자」편의 은자를 비유도 있었다. 이러한 사람들은 부귀영화에 마음이 움직이지 않았다. 그러므로 이들은 이렇게 살면서도 편안할 수 있었다.
이로움과 해로움을 비교하고 풍족함과 가난함을 계산하는 생각이 있다면 어찌 마음을 수양하는 데 해롭지 않겠는가. 배우는 사람은 모름지기 부귀를 가볍게 여기고 빈천을 지키려는 마음을 가져야 한다.

_ 거가[居家: 집에서 생활하는 법]장

9-10.
가난 때문에 공부를 중단하지 말라

집안 살림이 가난하면 반드시 가난에 쪼들리고 곤란하게 되어 지켜야 할 것을 잃는 경우가 많다. 배우는 사람은 바로 이런 경우를 조심해야 한다.
옛사람이 말하기를 "곤궁할 때 그가 하지 않는 일을 보고 가난할 때 그가 취하지 않는 것을 보라"고 하였고, 공자께서 "소인은 곤궁하면 분수에 넘는 일을 한다"라고 하셨으니, 가난에 동요하여 의리를 행하지 못하면 어찌 학문을 했다고 하겠는가.

_ 거가[居家: 집에서 생활하는 법]장

9-11.
재물을 통용해 쓰는 의리

무언가를 사양하거나 받거나 얻거나 줄 때에는 반드시 의로운가 의롭지 않은가를 꼼꼼히 따져 봐야 한다. 의로우면 취하고 의롭지 않으면 취하지 않아야 하니 털끝만큼이라도 그대로 지나쳐서는 안 된다.

친구 사이는 재물을 나누어 쓰는 의리가 있으니 친구가 주는 것은 모두 받아야 한다. 다만 내가 궁핍하지 않은데도 쌀이나 삼베를 보내 준다면 받아서는 안 된다.

그 외의 서로 아는 사람끼리는 명분이 있는 선물은 받고 명분이 없는 선물은 받아서는 안 된다. 명분이 있는 경우는 초상났을 때의 부의금, 여행할 때 필요한 노잣돈, 혼인할 때의 축의금, 양식이 떨어졌을 때 보내는 식량 등이다.

_ 거가[居家: 집에서 생활하는 법]장

9-12. 마음이 불편한 재물은 받지 말라

명분이 있어도 받지 말아야 할 재물도 있다.

내가 마음속으로 더럽고 나쁘게 여기는 대단한 악인이 보내준 물건이라면 명분이 있더라도 받고 난 후에 반드시 마음이 불편해진다. 마음이 편안하지 않으면 억지로 받아서는 안 된다.

맹자가 말했다.

"하지 말아야 할 일을 하지 말고, 바라지 말아야 할 것을 바라지 말라."

이것이 바른 도리를 실천하는 방법이다.

_ 거가[居家: 집에서 생활하는 법]장

9-13.
수령의 선물을 받지 않는 도리

중국의 여러 고을 수령들에게는 개인적으로 쓸 수 있는 녹봉이 있었다. 그러므로 남는 것을 가지고 남의 위급함을 도울 수도 있었다.

우리나라 수령들은 별도의 개인적으로 쓸 수 있는 녹봉이 없이 관청의 곡물로 일상에서 소요되는 비용을 충당하고 있다. 그래서 만약 사사롭게 이를 남에게 준다면 많고 적음에 상관없이 모두 죄가 되어 심한 경우 횡령죄를 범하게 된다. 받은 사람도 또한 같은 처지가 되니 선비가 되어 수령이 주는 선물을 받으면 이는 바로 법을 어기게 되는 것이다.

옛날에는 남의 나라에 들어갈 때도 그 나라에서 금지하는 법을 물었는데 그 나라에 사는 사람이 어찌 법을 어길 수 있겠는가.

수령이 보내는 선물은 대개 받아서는 안 되니 더구나 나라 창고의 곡식을 사사로이 준다면 친하고 소원함, 명분의 있고 없음,

물건의 많고 적음을 막론하고 모두 받아서는 안 된다.

_ 거가[居家: 집에서 생활하는 법]장

격몽요결

10부

사람을 사귀는 방법

10-1.
공손하게 사람을 사귀는 법

사람을 사귈 때는 온화하고 공경하는 데 힘써야 한다.
나이가 갑절이 많으면 아버지처럼 섬기고 열 살이 많으면 형처럼 모시고 다섯 살이 많으면 나보다 조금만 더 높여 공경하면 된다.
가장 해서는 안 될 일은 자기의 학문을 믿고 스스로 잘난체하며 남을 업신여기는 것이다.

_ 접인[接人: 사람들과 사귀는 방법]장

10-2.
친구를 사귀는 법

친구를 고를 때는 학문을 좋아하고, 선善을 좋아하고, 바르고 엄하며 정직하고 믿을 만한 사람을 취해야 한다. 그런 친구와 함께 지내면서 규범과 삼갈 점을 겸허하게 받아들여 나의 부족한 점을 고쳐야 한다. 게으르고, 놀기를 좋아하고, 말을 앞세우고, 정직하지 못한 사람을 사귀어서는 안 된다.

_ 접인[接人: 사람들과 사귀는 방법]장

10-3.
이웃과 잘 지내는 법

마을 사람 중 선한 사람과는 친하게 지내며 마음을 통해야 한다. 마을 사람 중 선하지 않은 사람이라도 악평을 하여 그의 더러운 행실을 드러내서는 안 된다. 그저 데면데면하게 대하면서 서로 왕래하지 않아야 한다. 예전에는 알고 지내던 사람일지라도 서로 마주치게 되면 간단히 날씨 얘기만 하고 다른 말은 주고받지 않는다. 그러면 저절로 점점 소원해질 것이니 원망하거나 노여워하는 데까지 이르지 않을 것이다.

_ 접인[接人: 사람들과 사귀는 방법]장

10-4.
끼리끼리 모인다

같은 소리는 서로 호응하며[同聲相應], 같은 기운은 서로 찾기[同氣相求] 마련이다. 내가 학문에 뜻을 둔다면 반드시 학문하는 선비를 찾게 될 것이고, 학문하는 선비 역시 나 같은 사람을 찾을 것이다.

명색이 학문을 한다면서 대문 앞에 잡된 손님들이 많고, 그들과 시끄럽게 떠들며 허송세월하는 사람은 분명 그 사람이 좋아하는 것이 학문에 있지 않기 때문이다.

_ 접인[接人: 사람들과 사귀는 방법]장

10-5.
온순하고 공손함이 덕의 근본

절하고 읍揖하는 예절은 미리 정해 놓을 수가 없다.

아버지의 친구이면 절해야 하고 동네에서 나보다 열다섯 살 이상 많은 사람에게도 절해야 한다. 벼슬 품계가 당상관이고 열 살 이상 많은 사람에게도 절해야 한다. 마을 사람으로 스무 살 이상 많은 사람에게도 절해야 한다. 그러나 그 사이의 높이고 낮추는 세세한 내용은 때에 따라 알맞게 하면 되고 반드시 이러한 예에 구애될 것은 없다. 다만, 항상 자신을 낮추고 다른 사람을 높이는 마음을 가슴속에 지니고 있는 것이 옳다.

『시경』詩經에서 말하기를 "온화하고 공손한 사람만이 오직 덕의 근본이 된다"라고 했다.

_ 접인[接人: 사람들과 사귀는 방법]장

10-6.
남에게서 비방을 받을 때

다른 사람이 나를 비방하면 반드시 돌이켜 스스로를 살펴보아야 한다. 실제로 내가 비방받을 만한 행동을 했다면 스스로 꾸짖고 마음으로 뉘우쳐 잘못을 고치기를 꺼리지 말아야 한다.
나의 잘못이 적은데 그가 보태어 말했다면 그 말이 지나쳤을지라도 나에게 실제로 비방을 받을 만한 싹이 있는 것이니, 전에 저지른 잘못을 쳐내어 털끝만큼도 남겨서는 안 된다.
나에게 본래 잘못이 없는데 그가 거짓말으로 날조했다면 이는 망령된 사람에 불과할 뿐이니, 망령된 사람과 어찌 진실과 거짓을 따지겠는가. 또 그 허황한 비방은 귀를 스쳐가는 바람이요, 허공을 흘러가는 구름과 같으니 나와 무슨 상관이 있겠는가.
이와 같이 비방이 생겼을 때 고칠 것이 있으면 고치고, 고칠 것이 없어도 더욱 노력하면 나에게 유익하지 않음이 없을 것이다.
나의 허물을 듣고 스스로 변명하여 시끄럽게 떠들면서 받아들이지 않고 자신에게 허물이 없다고 하면 그 허물은 더욱 깊어지고 비방은 더욱 무거워질 것이다.

옛날에 어떤 사람이 문중자文中子에게 비방을 그치게 하는 방법을 물었다. 문중자가 말하기를 "스스로 행실을 닦는 것만 한 것이 없다"라고 했다. 한 마디를 더 청했더니, "변명하지 말라!"라고 했다.

가히 배우는 사람의 본보기가 될 만하다.

_ 접인[接人: 사람들과 사귀는 방법]장

10-7.
선생과 어른을 모실 때

선생과 어른을 모시고 있을 때는 배운 것 중에서 깨우치기 어려웠던 부분을 질문하여 자신의 배움을 분명히 해야 한다.
마을의 어른을 모실 때는 조심스럽게 공손히 삼가며 말을 함부로 하지 않는다. 뭔가를 물으시면 공손하게 사실대로 대답한다.
친구와 함께 있을 때는 도리와 의리로써 강론하고 연마하며 공부한 내용으로 대화를 나눌 뿐이요, 세속의 천박한 말과 돌아가는 정세의 득실, 수령의 어짊과 그렇지 못함, 다른 사람의 과오 등은 일절 입에 올리지 말아야 한다.

_ 접인[接人: 사람들과 사귀는 방법]장

10-8.
마을 사람과 어린 아이를 대하는 법

마을 사람과 같이 있을 때는 묻는 것이 있으면 대답하되, 끝까지 비루하고 상스러운 말을 해서는 안 된다. 점잖게 대하되 절대로 스스로 잘난 척을 해서는 안 되며, 좋은 말로 서서히 이끌어 반드시 학문으로 향하게 해야 한다.

어린 아이와 함께 있을 때는 간곡하게 효도와 우애와 성실과 신의의 도리를 말해 주어 착한 마음이 일어나게 해야 한다.

이와 같이 하기를 멈추지 않는다면 마을의 풍속이 점차 변할 것이다.

_ 접인[接人: 사람들과 사귀는 방법]장

10-9.
남을 돕는 것부터 배우자

항상 온화하고 공손하며 자애롭게 다른 사람에게 은혜를 베풀고 물건을 나누는 마음을 가져야 한다.
다른 사람을 침해하거나 해치는 일은 털끝만큼도 마음속에 담아 두어서는 안 된다. 자신의 이익을 앞세우면 반드시 다른 사람을 해치는 데까지 이르는 것이니, 배우는 사람은 먼저 이기적인 마음을 끊어 낸 연후에야 인仁을 배울 수 있다.

_ 접인[接人: 사람들과 사귀는 방법]장

10-10.
사사로운 만남을 피하라

고을에서 살고 있는 선비는 공적인 일이나 예의석상에서 만나는 경우, 부득이한 일이 아니면 관청에 출입해서는 안 된다. 자기 마을의 수령과 매우 친한 사이라 할지라도 자주 찾아가서 만나면 안 되는 것이니, 하물며 친구도 아닌 경우야 말할 것이 없다. 의롭지 못한 청탁은 일절 하지 말아야 한다.

_ 접인[接人: 사람들과 사귀는 방법]장

격몽요결

11부

어떻게 살 것인가

11-1.
출세하려고 공부하지 말라

옛날의 학자들은 일찍이 벼슬을 구하지 않았다. 학문이 이루어지면 윗사람들이 그를 천거해서 등용하였다. 벼슬하는 것은 남을 위한 것이지, 자기를 위한 것은 아니었다.

지금 세상은 그렇지 않아서 과거로 사람을 뽑는다. 비록 학문이 하늘의 이치에 통달하고 행실이 다른 사람보다 뛰어나더라도 과거 시험을 통하지 않으면 도를 행할 수 있는 지위에 나아갈 방법이 없다. 아버지가 아들을 가르치고 형이 동생을 격려하는 것은 과거 이외에는 벼슬길로 나아갈 다른 방법이 없게 된 고로, 선비들의 공부가 구차해진 것은 이 때문이다.

지금 선비가 된 사람들 대부분은 부모의 바람과 가문을 위하여 과거 공부를 하지 않을 수 없다. 그러나 그 기량을 갈고 닦으며 때가 오기를 기다릴 뿐이며, 급제를 하고 못하고는 천명에 맡겨야 한다. 벼슬을 탐하고 조급함으로 마음을 끓여 학문을 하는 본래의 뜻을 잃어서는 안 된다.

_ 처세[處世: 세상을 살아가는 법]장

11-2.
과거 공부와 학문

사람들은 과거 공부에 얽매여 학문을 할 수 없다고 말한다. 이 또한 핑계일 뿐 성심에서 나온 것은 아니다. 옛날에는 부모를 봉양하기 위해 몸소 밭을 간 사람, 돌아다니며 품팔이를 한 사람, 쌀 짐을 진 사람도 있었다. 몸소 밭 갈고, 품팔이하고, 쌀 짐을 질 때 고생이 심했을 것이니 책 읽을 겨를이나 있었겠는가. 그럼에도 그들은 부모를 위해 힘든 일을 맡아 하면서 자식 된 도리를 다하고 남은 힘으로 학문을 하여 덕에 나아갔다.

오늘날 선비가 된 사람들 중에는 옛사람만큼 부모를 위해 수고하는 것이 보이지 않는다. 그들은 다만 부모님이 마음으로 바라는 것이라고 하면서 오직 과거 공부 한 가지에서 벗어나지 못하고 있다.

과거 공부는 성리학을 공부하는 것과 같지 않지만 이 또한 가만히 앉아서 책을 읽고 글을 짓는 일이니, 옛사람이 몸소 밭 갈고,

품팔이하고, 쌀 짐을 졌던 일과 비교하면 백 배는 편한 일이다. 어찌 남는 힘으로 틈틈이 성리학의 책들을 읽어 덕에 나아가지 않을 수 있겠는가.

과거 공부만 하는 사람들은 과거에 급제하고 못하는 데에 동요되어 마음이 항상 조급하고 서로 경쟁하니 도리어 몸을 씀으로서 마음을 해치지 않는 것만 못하게 되었다.

선현들이 말씀하셨다.

"과거 공부가 학업을 방해할까 걱정하는 것이 아니라 공부 본래의 뜻을 빼앗을까 걱정하는 것이다."

과거 공부를 하면서도 지켜야 할 뜻을 잃지 않는다면 과거 공부와 성리학 공부를 병행하여도 어긋남이 없을 것이다.

_ 처세[處世: 세상을 살아가는 법]장

11-3.
과거 공부와 성리학 공부

요즘 사람들은 명색이 과거 공부를 한다면서도 실제로는 공부를 하지 않고, 명색이 성리학을 한다면서도 실제로는 시작도 하지 않는다. 과거 공부를 하라고 책망하면 이런 핑계를 댄다.

"나는 성리학에 뜻을 두었기 때문에 그런 공부는 좋아하지 않는다."

성리학을 공부하라고 책망하면 이런 핑계를 댄다.

"나는 과거 공부에 얽매여 있어서 성리학 공부에 힘을 쓸 수가 없다"

양쪽으로 이런저런 핑계를 대면서 허송세월하다가 마침내는 과거 공부와 성리학 두 방면에서 모두 성취하는 것이 없게 된다.

늙은 후에 후회한들 무슨 소용이 있겠는가.

아아! 경계하지 않을 수 있겠는가.

_ 처세[處世: 세상을 살아가는 법]장

11-4.
벼슬을 맡으면 최선을 다하라

사람들은 벼슬하지 않고 있을 때는 오직 벼슬하는 것에만 조급해한다. 벼슬길에 오른 뒤에는 또 그 자리를 잃을까 걱정한다. 이와 같이 골몰하여 그 본심을 잃게 된 사람이 많으니 어찌 두렵지 않겠는가. 지위가 높은 사람은 도를 행하는 데에 주력해야 하니 도를 행할 수 없으면 물러나는 것이 옳다.

집안이 가난하여 먹고살기 위해 벼슬해야 한다면 내직內職을 사양하고 외직外職으로 나가고, 높은 지위를 사양하고 낮은 자리에 있으면서 굶주림과 추위를 면할 정도로만 해야 할 뿐이다. 녹봉을 받기 위한 벼슬이더라도 청렴하고 근면하게 공무公務를 받들고 맡은 일에 최선을 다해야 한다. 맡은 일은 소홀히 하면서 녹봉만 받으려 해서는 안 된다.

_ 처세[處世: 세상을 살아가는 법]장

낭송Q시리즈 여름의 열정이 담긴 남주작편

낭송 변강쇠가/적벽가 (이현진, 최정옥 풀어 읽음 | 224쪽 | 9,900원)
낭송 금강경 외 (신근영 풀어 읽음 | 224쪽 | 9,900원)
낭송 삼국지 (나관중, 모종강 지음 | 최정옥 풀어 읽음 | 208쪽 | 9,900원)
낭송 장자 (장자 지음 | 이희경 풀어 읽음 | 256쪽 | 9,900원)
낭송 주자어류 (주희 지음 | 이영희 풀어 읽음 | 176쪽 | 9,900원)
낭송 홍루몽 (조설근 지음 | 윤은영 풀어 읽음 | 192쪽 | 9,900원)
낭송 동의보감 외형편 (허준 지음 | 류시성, 송혜경 풀어 읽음 | 288쪽 | 9,900원)

낭송Q시리즈 가을의 결실이 담긴 서백호편

낭송 흥보전 (구윤숙 풀어 읽음 | 176쪽 | 9,900원)
낭송 서유기 (오승은 지음 | 최정옥 풀어 읽음 | 240쪽 | 9,900원)
낭송 선어록 (문성환 풀어 읽음 | 192쪽 | 9,900원)
낭송 손자병법/오자병법 (손무, 오기 지음 | 손영달 풀어 읽음 | 176쪽 | 9,900원)
낭송 이옥 (이옥 지음 | 채운 풀어 읽음 | 192쪽 | 9,900원)
낭송 한비자 (한비 지음 | 구윤숙 풀어 읽음 | 192쪽 | 9,900원)
낭송 동의보감 잡병편(1) (허준 지음 | 박장금, 이영희, 이현진 풀어 읽음 | 208쪽 | 9,900원)

낭송Q시리즈 겨울의 지혜가 담긴 북현무편

낭송 토끼전/심청전 (구윤숙, 손영달 풀어 읽음 | 176쪽 | 9,900원)
낭송 대승기신론 (마명 지음 | 김혜영 풀어 읽음 | 208쪽 | 9,900원)
낭송 도덕경/계사전 (노자, 공자 지음 | 손영달 풀어 읽음 | 192쪽 | 9,900원)
낭송 동의수세보원 (이제마 지음 | 박장금 풀어 읽음 | 176쪽 | 9,900원)
낭송 사기열전 (사마천 지음 | 나은영 풀어 읽음 | 208쪽 | 9,900원)
낭송 18세기 소품문 (이용휴 외 지음 | 길진숙, 오창희 풀어 읽음 | 272쪽 | 9,900원)
낭송 동의보감 잡병편(2) (허준 지음 | 박장금, 이영희, 이현진 풀어 읽음 | 288쪽 | 9,900원)

낭송Q시리즈 원문으로 읽는 디딤돌편

낭송 대학/중용 (증자, 자사 지음 | 김벼리 풀어 읽음 | 176쪽 | 10,500원)

※ **낭송Q시리즈 중 큰글자본으로 만나볼 수 있는 책** : 낭송 논어/맹자, 낭송 동의보감 내경편, 낭송 장자, 낭송 동의보감 외형편, 낭송 선어록, 낭송 손자병법/오자병법, 낭송 사기열전, 낭송 18세기 소품문

※ 낭송Q시리즈는 각 인터넷서점과 리디북스에서 **전자책으로도 판매하고 있습니다.**